VENTE DU SAMEDI 4 MAI 1895

à deux heures

HOTEL DROUOT, SALLE N° 6

OBJETS D'ART

ET

D'AMEUBLEMENT

DES XVIe, XVIIe ET XVIIIe SIÈCLES

BEAUX BUSTES DU XVIe SIÈCLE EN MARBRE

Bronzes, Faïences d'Alcora, Porcelaines

TAPISSERIES ET SOIERIES ANCIENNES

TABLEAUX MODERNES

PAR

Boudin, Chaplin, V. Gilbert, Ch. Jacque, M. Leloir
Lhermitte, Monticelli, Meissonier, Raffaelli, Seghers, Ziem, etc.

EXPOSITION PUBLIQUE

Le Vendredi 3 Mai 1895, de une heure et demie à cinq heures et demie

COMMISSAIRE-PRISEUR	EXPERT
Me P. CHEVALLIER	**M. B. LASQUIN**
10, rue de la Grange-Batelière, 10	12, rue Laffitte, 12

HOMO

NATURÆ

IMPRIMERIE DE L'ART

4 Mai 1895

CATALOGUE
DES
OBJETS D'ART
ET
D'AMEUBLEMENT

Beau Bureau de style Louis XV, Crédences, Bahuts, Vitrine,
Tables en bois sculpté des XVIe et XVIIe siècles
Belles Consoles, Sièges Louis XV, Louis XVI et de style en bois doré
Baromètre, Cadres anciens

Deux remarquables bustes du XVIe siècle en marbre blanc

Bronzes d'art, Pupitre style Renaissance par Édouard Lièvre

STATUETTES ET GROUPES

Faïences d'Alcora — Porcelaines de Chine

Tapisseries, Soieries et Broderies anciennes

TABLEAUX MODERNES
ET AQUARELLES

PAR

Barillot, Beauquesne, Boudin, Chaplin, Courbet, Damoye, Delpy, Falero, V. Gilbert, Harpignies, Ch. Jacque, Jeannin, Maurice Leloir, Lhermitte, Meissonier, Monticelli, Olive, Pasini, Perboire, Raffaelli, De Vuillefroy, Seghers, Ziem, etc.

DONT LA VENTE AURA LIEU

HOTEL DROUOT, SALLE No 6

Le Samedi 4 Mai 1895

à 2 heures

COMMISSAIRE-PRISEUR	EXPERT
Me P. CHEVALLIER	**M. B. LASQUIN**
10, rue de la Grange-Batelière, 10	12, rue Laffitte, 12

Chez lesquels se trouve le présent Catalogue

EXPOSITION PUBLIQUE

Le Vendredi 3 Mai 1895, de 1 heure 1/2 à 5 heures 1/2

CONDITIONS DE LA VENTE

Elle sera faite expressément au comptant.

Les acquéreurs payeront *cinq pour cent* en sus des adjudications.

L'exposition mettant le public à même de se rendre compte de l'état et de la nature des objets, il ne sera admis aucune réclamation une fois l'adjudication prononcée.

Paris. — Imp. de l'Art. E. Moreau et Cie, 41, rue de la Victoire.

DÉSIGNATION DES OBJETS

TABLEAUX ET AQUARELLES

BARILLOT

1 — *Deux bœufs au pâturage.*

Bois. Haut., 29 cent.; larg., 35 cent.

BEAUQUESNE

2 — *Combat de Compiègne.*

Toile. Haut., 46 cent.; larg., 55 cent.

BLIGNY

3 — *Bataille de Château-Thierry.*

Bois. Haut., 46 cent.; larg., 55 cent.

BONVIN

(F.)

4 — *Le Thé.*

Jolie étude.

BOUDIN

5 — *Bateau de pêche appareillant.*

Bois. Haut., 23 cent.; haut., 19 cent. 1/2.

BOUDIN

6 — *Barque de peche sortant du port de Honfleur.*

Bois. Haut., 24 cent.; larg., 32 cent. 1/2.

BOUDIN

7 — *Marine, bateaux dans un port.*

Bois. Haut., 18 cent.; larg., 30 cent.

BOUDIN

8 — *Les Roches-Noires, près Trouville.*

Toile. Haut., 54 cent.; larg., 80 cent.

BOUDIN

9 — *Embouchure de rivière.*

Haut., 20 cent.; larg., 32 cent. 1/2.

BOUDIN

10 — *Bateaux échoués sur une plage.*

Haut., 27 cent.; larg., 22 cent.

BOUDIN

(1869)

11 — *Portrieux, entrée de port avec bateaux.*

Toile. Haut., 40 cent. 1/2 ; larg., 65 cent.

BOUDIN

(1871)

12 — *Portrieux, bateaux échoués à marée basse.*

Haut., 36 cent.; larg., 58 cent.

BOUDIN

(1872)

13 — *Marée basse.*

Toile. Haut., 36 cent.; larg., 58 cent.

BOUDIN

(1881)

14 — *Bateaux échoués.*

Toile, Haut., 49 cent.; larg., 74 cent. 1/2.

BOURGOIN

15 — *Paysage.*

Aquarelle.

CHAPLIN

210 — 16 — *Jeune fille en buste, les épaules nues.*

Toile ovale. Haut., 58 cent.; larg., 47 cent.

CHARPIN

17 — *Bergère et moutons dans un champ.*

Toile. Haut., 46 cent.; larg., 65 cent. 1/2.

CORCOS

18 — *Fleur de Mal.*

Toile. Haut., 58 cent. 1/2; larg., 1 m. 10 cent.

COURBET

19 — *La Vallée de la Loue.*

Toile. Haut., 38 cent.; larg., 46 cent.

DAMOYE

20 — *La Seine à Nanterre.*

Toile. Haut., 47 cent.; larg., 74 cent.

DAMOYE

21 — *Une Mare en Sologne.*

Toile. Haut., 45 cent., larg., 74 cent.

DAMOYE

22 — *Paysage des bords de la Seine.*

Toile. Haut., 47 cent.; larg., 74 cent.

DELPY

23 — *Vue de Cancale.*

DELPY

24 — *Paysage, vue prise sur la Seine, a Bonnières.*

Panneau.

FALÉRO

25 — *La Vierge du Zodiaque.*

Toile. Haut., 58 cent.; larg. 1 m. 3 cent.

FEYEN-PERRIN

26 — *Remords.*

Bois. Haut., 24 cent : larg., 32 cent.

GILBERT
(VICTOR)

27 — *Marchande de cerises dans une rue de Montmartre.*

Pastel.

HARPIGNIES

28 — *Paysanne sur la lisière d'un bois.*

Aquarelle.

Haut., 16 cent.; larg., 25 cent.

JACQUE

(CH.)

29 — *Le Tueur de porcs, intérieur de ferme.*

Toile. Haut., 50 cent.; larg., 62 cent.

JACQUE

(CH.)

30 — *Fleurs dans un verre.*

Bois. Haut., 44 cent.; larg., 23 cent. 1/2.

JEANNIN

31 — *Pivoines.*

Toile. Haut., 59 cent.; larg., 74 cent.

KHAVEL

(MARTIN)

32 — *Nature morte; tambour de basque, coffret, oranges.*

Toile. Haut., 50 cent. 1/2; larg., 73 cent.

KHAVEL
(MARTIN)

33 — *Nature morte; coffre à bijoux, oranges.*

Toile. Haut., 46 cent.; larg. 55 cent. 1/2.

LELOIR
(MAURICE)

34 — *La Marchande de fleurs.*

Aquarelle.

Haut., 37 cent.; larg., 25 cent.

LHERMITTE

35 — *Cloître de Saint-Jean, à Bruges.*

Pastel.

Haut., 35 cent.; larg., 43 cent. 1/2.

LHERMITTE

36 — *L'École enfantine.*

Joli dessin au fusain.

LHERMITTE

37 — *Deux Bretonnes assises.*

Étude au crayon.

Haut., 23 cent.; larg., 30 cent.

*

LINDER

38 — *Jeune femme cueillant des fleurs.*

MATHON

(E.)

39 — *Un gave en Espagne.*

MEISSONIER

40 — *La Rencontre.*

Aquarelle.

MEISSONIER

41 — *Deux cavaliers.*

Dessin à la plume.

MARY AUB

42 — *La Lecture.*

MONTICELLI

43 — *Le Festin.*

Bois. Haut., 40 cent. 1/2; larg., 64 cent. 1/2.

MONTICELLI

44 — *La Promenade dans le parc.*

Bois. Haut., 41 cent.; larg., 54 cent. 1/2.

MONTICELLI

45 — *Partie de campagne.*

Bois. Haut., 38 cent.; larg., 56 cent.

MONTICELLI

46 — *Cavalier sous bois.*

Bois. Haut., 12 cent.; larg., 37 cent.

MONTICELLI

47 — *Nymphe couchée sous bois.*

Bois. Haut., 15 cent.; larg., 22 cent. 1/2.

MONTICELLI

48 — *La Chaise à porteurs.*

Bois. Haut., 26 cent. 1/2; larg., 36 cent. 1/2.

MONTICELLI

49 — *Bateaux en rivière.*

Peinture sur carton.

Haut., 30 cent.; larg., 22 cent. 1/2.

OLIVE

50 — *Marne : le Soir.*

Toile. Haut., 51 cent.; larg., 74 cent.

OLIVE

51 — *Vue de Gratte-Semelle, près Marseille.*

Toile. Haut., 41 cent.; larg., 61 cent.

OLIVE

52 — *Les Bords de l'Allier.*

Bois. Haut., 21 cent. 1/2; larg., 27 cent. 1/2.

PARROT

(P.)

53 — *Tête de jeune fille*

Pastel.

PASINI

54 — *Caravane au repos.*

Dessin.

PERBOIRE

55 — *Officiers d'artillerie.*

Bois.

PEZANT

56 — *Vaches au pâturage.*

Toile. Haut., 51 cent; larg., 61 cent.

PEZANT

57 — *La Ferme de Girancourt (Eure).*

Toile. Haut., 54 cent.; larg., 65 cent.

PRINS

(PIERRE)

58 — *Bord de rivière avec barque à voile et canot.*

Toile.

RAFFAELLI

59 — *Enfants dans un square, à Jersey.*

SÉGHERS

60 — *L'Enfance de Bacchus.*

Sujet peint dans un motif d'architecture, entouré de guirlandes de fleurs.

Toile. Haut., 1 m. 15 cent.; larg., 97 cent.

SÉGHERS

61 — *Jeu d'enfants.*

Sujet peint dans un motif d'architecture, entouré de guirlandes de fleurs.

Toile. Haut., 1 m. 15 cent.; larg., 97 cent.

SIGRISTE

(G.)

62 — *L'État-Major.*

Bois.

VEYRASSAT

63 — *La Meule de blé.*

Bois. Haut., 26 cent. 1/2; larg., 36 cent.

VOLLON

64 — *Fleurs dans un vase.*

Toile. Haut., 42 cent.; larg., 35 cent.

VUILLEFROY

(DE)

65 — *Bœufs à l'abreuvoir.*

Bois. Haut., 32 cent.; larg., 41 cent.

ZIEM

66 — *Vue de Venise : La Douane.*

Bois. Haut., 46 cent.; larg., 66 cent.

ZIEM

67 — *Près Venise.*

Bois. Haut., 37 cent.; larg., 64 cent.

SCULPTURES

68 — Grand et beau buste de femme en marbre blanc sculpté du XVIᵉ siècle.

CASSANDRA GRILLADARIA
NICOLAO SIRIGATTIO NUPTA
CIↃ IↃ LXXVIII

Vêtue d'un riche corsage en broderie, la tête en partie recouverte d'une draperie retombant sur les épaules. Piédouche en marbre de Flandre.

Hauteur totale, 1 m. 5 cent.

69 — Grand buste d'homme en marbre blanc sculpté du XVIᵉ siècle.

NICOLAVS SIRIGATIVS
CIↃ IↃ LXXVI

Le visage barbu, vêtu d'un pourpoint recouvert d'un riche manteau. Piédouche en marbre rouge de Flandre.

Hauteur totale, 95 cent.

70 — Écusson armorié en marbre blanc sculpté, provenant du château de Langeais.

71 — Fontaine du XVIIᵉ siècle en forme de vase octogone, à piédouche, à deux anses et à cou-

vercle en marbre rouge veiné, accompagnée de sa vasque de forme ovale sculptée à godrons.

Ces deux pièces reposent sur un support en bois sculpté à coquille et ornements rocaille.

Hauteur totale, 1 m. 75 cent.

72 — Important groupe en terre cuite de Carrier-Belleuse, Faune et deux bacchantes portant une amphore.

73 — Deux fûts de colonnes en marbre fleur de pêcher.

73 *bis* — Fût de colonne en granit rose avec tore à moulure dans la masse.

74 — Vase ovoïde en marbre jaune.

74 *bis* — Buste de femme, terre cuite de Mercié.

BRONZES

75 — Beau pupitre de style Renaissance en forme d'X composé de balustres en bronze finement ciselé à feuillages et pieds de biche avec garniture de peluche cramoisie. Exécuté par Édouard Lièvre.

76 — Deux petits groupes de deux figures chacun représentant le sujet des Oies du frère Philippe, socles en bronze doré.

77 — Tête de Gorgone, haut-relief de forme ronde en bronze, par Soldi.

78 — Dix-huit médaillons en bronze de David d'Angers, Bonaparte, Kléber, général Gérard, l'abbé de Lamennais, Koksiusko, Nicolas Poussin, Rouget de Lisle, Condorcet, A. Dumas, Ambroise Paré, etc.

79 — Deux figures debout en bronze italien, provenant de chenets. Junon et joueur de flûte.

80 — Deux statuettes Louis XIV en plomb. Amour tendant son arc et Amour tirant de l'arc.

81 — Quatre appliques en bronze de style Louis XV.

FAIENCES ET PORCELAINES

82 — Quatre plaques rectangulaires en hauteur, à encadrements à moulures et à frontons, en ancienne faïence d'Alcora, décorées en couleurs et offrant chacune une double allégorie de l'une des saisons et de l'une des quatre parties du monde :

Le Printemps et l'Asie ;
L'Été et l'Amérique ;
L'Automne et l'Europe ;
L'Hiver et l'Afrique.

83 — Vase en ancien céladon vert d'eau de la Chine simulant un tronc de palmier, monté sur un socle en bronze ciselé et doré.

84 — Deux beaux vases-balustres en ancienne porcelaine de Chine, décorés en émaux de couleurs représentant des réceptions de personnages et des paysages.

85 — Statuette en porcelaine blanche et grand groupe en porcelaine moderne.

86 — Vingt-neuf couteaux à manches d'ancienne porcelaine de Chine, décorés en émaux de couleurs.

MEUBLES ANCIENS ET DE STYLE

87 — Très beau bureau à cylindre de style Louis XIV en bois satiné et de violette richement orné de bronzes, chutes à mascarons et pieds de biches, poignées-balustres et écoinçons coquilles. Le haut renferme trois tiroirs et est entouré d'une galerie de bronze doré.

88 — Crédence Henri II en noyer sculpté ; le bas, à quatre colonnettes-balustres et à fond plein ; le haut, à deux portes décorées de motifs d'architecture et encadrées d'ornements.

89 — Vitrine carrée du temps de Louis XIV, surmontée d'un fronton à volutes et feuillages, en noyer sculpté ; elle repose sur un support à quatre pieds-volutes reliés par un croisillon également en noyer sculpté.

90 — Beau meuble flamand, en chêne sculpté ; le

bas, orné de deux colonnes cannelées, ouvre à deux portes avec panneaux saillants sculptés.

Le corps du haut, avec partie en retrait, est orné de trois cariatides de femmes supportant un entablement à frise de rinceaux.

91 — Fauteuil Louis XVI, de forme carrée, en bois de noyer naturel sculpté et gravé, à feuillages et guirlandes.

92 — Deux jolies consoles d'angle en bois sculpté et doré, ornées de guirlandes de roses, pieds à griffes de lion et feuilles d'acanthe; style Louis XVI. Dessus en marbre brèche d'Alep.

93 — Jolie console de l'époque Louis XV, dessin à rocailles et fleurs en bois sculpté et doré. Dessus en marbre fleur de pêcher.

94 — Console d'entredeux de l'époque Régence, en bois sculpté et doré posant sur un pied enguirlandé de fleurs. Dessus en marbre brèche d'Alep.

95 — Belle chaise longue en deux parties, en bois sculpté et doré à rubans enroulés et perles, bandeaux à rais de cœur, pieds cannelés, style Louis XVI, couverte en soierie ancienne brochée à fleurs.

96 — Fauteuil Louis XIII en noyer sculpté couvert en tapisserie de la Savonnerie, fond noir à fleurs, encadrement en peluche chaudron.

97 — Deux grandes bergères en bois sculpté et doré, style Louis XV à bouquets de roses, garniture en damas rouge à grands ramages.

98 — Canapé d'angle analogue aux bergères qui précèdent.

99 — Petit fauteuil style Louis XV, en bois doré et canné, avec coussin en soie ancienne.

100 — Deux tabourets en bois sculpté et doré couverts en peluche olive. Style Louis XV.

101 — Ameublement de salon de l'époque Louis XVI en bois sculpté et laqué blanc rehaussé d'or, couvert en soie verte épinglée. Il est composé d'un canapé, quatre fauteuils et neuf chaises. (Le canapé est moderne).

102 — Deux fauteuils italiens du XVIIe siècle, garnis en peluche avec galons en rouge et or à fleurons et feuille d'acanthe.

103 — Grande table portugaise à six pieds tors en palissandre, ornés de cuivre. XVIIe siècle.

104 — Grand lit en bois de noyer et de thuya.

105 — Bibliothèque en même bois à deux portes garnies de glaces.

106 — Commode à cinq tiroirs en bois laqué blanc, dessus de marbre.

107 — Grande armoire en bois laqué blanc à quatre

portes, garnie de glaces biseautées avec deux bras porte-lumières en bronze.

108 — Chiffonnier à neuf tiroirs en bois laqué blanc.

109 — Grande et belle chaise longue, style Régence, en bois richement sculpté et doré, garnie de canne avec coussin en soie.

110 — Joli petit fauteuil style Louis XV, doré, garni de soie.

111 — Petit secrétaire style Louis XV en bois de rose, garni de cartons à l'intérieur.

112 — Petit encrier en bois de rose Louis XV.

113 — Deux jolies chaises style Louis XV en bois doré et canné.

114 — Beau meuble en bois sculpté à colonnes cannelées avec chapiteaux, têtes d'hommes et de femmes posant sur une console. Travail flamand du XVIIe siècle.

115 — Bahut en bois sculpté, montants à cariatides d'hommes et de femmes, portes ornées de rosaces. XVIIe siècle.

116 — Cabinet hispano-arabe s'ouvrant à abattant. Intérieur d'aspect architectural garni de tiroirs plaqués d'os et relevés de dorure.

117 — Coffre en noyer sculpté rehaussé de dorure avec panneau ancien sur le devant offrant un écusson. Pieds en bronze doré.

118 — Table flamande du XVIIe siècle en chêne sculpté à pieds-balustres reliés par des traverses.

119 — Bahut lyonnais du XVIe siècle en noyer sculpté ouvrant à trois portes et orné de montants à cariatides.

120 — Bibliothèque à deux corps en bois noir.

121 — Table-guéridon en bambou doré à dessus formé par un jeu de plateaux en ancienne porcelaine de Chine, famille rose.

122 — Quatre belles appliques Louis XV avec cadres en bois sculpté et doré, décor à rocailles et fleurs, fond en glace de Venise gravée, bras à cinq lumières en bronze.

123 — Grande jardinière en bambou avec panneaux en laque du Japon à fleurs et treillage doré sur fond osier.

124 — Écran Louis XVI en bois sculpté.

125 — Devant de cheminée en toile peinte.

126 — Baromètre du XVIIIe siècle en bois sculpté et doré en partie à piastres, rubans, rais de cœurs et guirlande.

127 — Pendule monumentale en marqueterie de style Louis XIV.

128 — Grand cadre Louis XIV en bois doré.

129 — Table Louis XVI en bois sculpté et doré.

130 — Canapé Louis XVI, dossier à lyre.

131 — Quatre panneaux sculptés à encadrements Louis XV.

132-133 — Deux fauteuils Louis XIV, garnis de canne.

ÉTOFFES ET BRODERIES

134 — Écran en acajou avec feuille en tapisserie au point de l'époque Louis XIV offrant un danseur dans un médaillon entouré d'ornements.

135 — Tablette de cheminée avec rideaux et bandeaux en ancienne tapisserie de Bruxelles à vases, fleurs, oiseaux et mascarons sur fond jaune; garniture en peluche et bordures à franges.

136 — Deux beaux tapis de tables en peluche rouge, ornés chacun de deux motifs de feuillages et rinceaux en broderie renaissance d'or et de soie de couleur.

137 — Beau parement de cheminée composé d'un bandeau et de deux pentes en broderie Renaissance en or et soie sur fond de satin vert, avec côtés en peluche rouge galonnée d'or.

138 — Deux coussins en velours de Gênes épinglé, à ornements en camaïeu vert sur fond jaune.

139 — Devant de jupe en broderie d'argent Louis XIII sur satin blanc.

140 — Lambrequin en application de broderie de soie. Fleurs en couleurs sur fond crème.

141 — Tapis de table en satin Louis XVI, à rayures en rose, bleu et jaune, broché à fleurettes.

142 — Quatorze morceaux de soierie en velours et applications de guipures de décors variés.

PANNEAU DÉCORATIF

143 — Très beau panneau décoratif attribué à Audran ; projet ayant servi pour une des tapisseries des Gobelins de la série dite des dieux de l'Olympe. Au milieu, un personnage symbolisant le Sommeil ; autour, une arcade ornementée, des cariatides, des guirlandes de fleurs et des rinceaux.

www.ingramcontent.com/pod-product-compliance
Ingram Content Group UK Ltd.
Pitfield, Milton Keynes, MK11 3LW, UK
UKHW032032260826
14628UKWH00006B/2895

9 782329 527765